晚清｜杂观

吴志远

编

赵省伟

主编

北京日报出版社

图书在版编目（CIP）数据

东洋镜：晚清杂观 / 吴志远编；赵省伟主编. --
北京：北京日报出版社，2024.8
  ISBN 978-7-5477-4960-9

  Ⅰ. ①东... Ⅱ. ①吴... ②赵... Ⅲ. ①中国历史 - 史
料 - 清后期 Ⅳ. ①K252.06

中国国家版本馆CIP数据核字(2024)第105566号

出版发行：北京日报出版社
地　　址：北京市东城区东单三条8-16号东方广场东配楼四层
邮　　编：100005
电　　话：发行部：(010) 65255876
　　　　　总编室：(010) 65252135
责任编辑：卢丹丹
特约编辑：陈思圆
印　　刷：三河市万龙印装有限公司
经　　销：各地新华书店
版　　次：2024年8月第1版
　　　　　2024年8月第1次印刷
开　　本：787毫米×1092毫米　1/16
印　　张：11.25
字　　数：150千字
印　　数：1—2000
定　　价：128.00元

出版说明

    本书选编自《清国杂观》和《清代陆军贵胄学堂同学录》。《清国杂观》于1908年在日本成书出版。1905年日本妇女组织"东洋妇人会"的会长清藤秋子与会员河原虎子访问中国，对多个城市进行了考察。书中包含她们在考察过程中留下的影像记录。《清代陆军贵胄学堂同学录》于1909年发行，书中包括陆军贵胄学堂学员肖像照以及学院日常训练的影像。

    一、本书照片素材取自《清国杂观》和《清代陆军贵胄学堂同学录》，根据照片内容进行了重新归纳排序。

    二、第二章图注保留了《清代陆军贵胄学堂同学录》原著注解，其余章节图注为编者参考相关资料所做的补充。

    三、由于年代已久，部分照片褪色，颜色深浅不一，为了更好地呈现图片内容，保证印刷整齐精美，我们对图片色调做了统一处理。

    四、由于资料繁多，统筹出版过程中不免出现疏漏、错讹，恳请广大读者批判指正。

    五、书名"东洋镜"由杨葵老师题写。

编者

目录

第一章

皇家贵妇

才善扮英蓮李音觀扮后太女龍扮晉福王順

图1.慈禧扮观音照

由慈禧太后的御用摄影师裕勋龄拍摄。图中右侧站立的是慈禧太后最宠爱的太监李莲英，他所扮演的是善财童子；左侧站立的是顺王福晋，她所扮演的是龙女。慈禧太后晚年信奉佛教，"老佛爷"的称呼也由此而来。

图2.载泽的福晋静荣和儿子的合影

静荣是慈禧的弟弟桂祥的女儿，桂祥受太后庇荫，身份显赫，爵位是三等承恩公，满洲镶蓝旗（后抬入满洲镶黄旗）人。静荣的丈夫载泽是立宪派[①]的重要人物。

———————

① 立宪派是指主张实行"君主立宪"的资产阶级上层及其政治代表所组成的政治派别。——编者注

图3.顺郡王妃叶赫那拉氏

本照片中为慈禧太后的侄女,讷勒赫的福晋。讷勒赫,第十五位顺承郡王,1906年毕业于陆军贵胄学堂,担任过御鸟枪处①管理大臣、阅兵大臣、禁烟大臣、正白旗满洲都统等职务。

---

① 御鸟枪处,内务府下属的一个机构,专门负责御用枪炮的管理。最高长官是管理大臣。——编者注

图 4.肃亲王善耆的妃子

善耆是和硕肃亲王、清朝十二家铁帽子王之一、中国现代警察制度的建造者之一。曾赞成立宪运动。

图5.庆亲王载振的福晋索绰络氏

索绰络氏是巡抚恩寿的女儿，其丈夫载振是内阁总理大臣奕劻的儿子。载振支持新政，曾赴日考察第五届劝业博览会；1906年，在农工商部任大臣，后因受贿和高价赎买歌姬而被弹劾。

图6.溥伦贝子及
其福晋、孩子的合影

溥伦是道光帝嗣曾孙，
人称"伦贝子"。曾代
表清朝率领代表团参加
美国圣路易斯世界博览
会，后任资政院总裁、
庆亲王内阁农工商大
臣。其长子毓嶟为镇国
公；其继夫人瓜尔佳氏
为军机大臣荣禄的孙
女、慈禧的侄女。

图7.那亲王妃与儿子的合影

照片中的女子为内阁总理大臣奕劻的女儿，她的丈夫是蒙古亲王——札萨克亲王那彦图，任雍和宫事务大臣。

图8.那亲王继妃

图9.毓朗的次女恒香

恒香人称二格格，是婉容的继母，对婉容宠爱有加。

图10.毓朗的夫人赫舍里氏

赫舍里氏为广东雷州府知府崇龄的女儿、同治帝敬懿皇贵妃的姐妹。其丈夫毓朗是晚清镇国将军，曾任宗人府左宗正。1910年，授军机大臣。1911年，授军谘大臣。在辛亥革命之后，毓朗加入了"宗社党"[1]。

---

[1] 辛亥革命后，反对清帝退位，意图保存清皇朝的组织。——编者注

图11.那桐

晚清"旗下三才子"①之一，曾任军机大臣、内阁协理大臣，他的《那桐日记》②时间跨度较大，系统地记录了当时的政治、外交、军事以及官僚机构日常运作，为研究晚清提供了第一手资料。

---

① 晚清"旗下三才子"分别是荣庆、那桐、端方。——编者注

② 那桐从 1890 年到 1925 年的日记。——编者注

图12.那桐的继夫人邓氏

邓氏是二品诰命夫人。慈禧太后当时热衷于搞"夫人外交"，外国使团及其夫人来访中国，邓氏总会陪同。

图13.那桐长女

其丈夫为崇厚的孙子希贤 。

图14.那桐次女

擅长书法，其夫是民政部右丞延鸿。

图15.那桐夫人邓氏
（右）与次女（左）
在花园长廊的合影

那家花园是那桐的故
居，位于王府井金鱼
胡同3号，民国时期
曾是政治交际场所。

图16.那桐夫人邓氏在其府邸与日本爱国妇人会成员合影

为响应慈禧太后"夫人外交"的倡议，邓氏在那桐府邸接待外来使团成员。

图17. 溥伦夫人与东洋妇人会成员合影

东洋妇人会成员走访溥伦府邸，由溥伦的夫人瓜尔佳氏招待她们，一起用餐。

图18.公爵夫人在府邸

图19.公爵夫人

图20.清朝贵族
女眷坐在马车上

真实的轿子一般
空间狭小，仅容
一人乘坐。马车
是当时贵族的出
行工具，也是身
份的象征。

图21.清朝身穿吉服的贵眷

每当有重大节日或者活动的时候，清朝贵族女子会身穿吉服。清朝服饰的细节严格按照身份等级设计。清朝命妇冠服式样大体有朝褂、朝服、披领、朝珠等。除冠服之外，满族女子日常穿旗袍、坎肩和马褂。

图22.张之洞及其家人的合影

张之洞是洋务运动的代表人物,与曾国藩、李鸿章、左宗棠并称"晚清中兴四大名臣"。他筹办洋务,兴办学堂与工厂,反对签订《马关条约》,积极练军,加强国防。他支持"中体西用"的思想主张。他还主张开办了京师大学堂,与张百熙主持制定癸卯学制,这是中国教育史上第一个正式颁布的学制,也是第一个在中国普遍实行的学制。其著有《广雅堂集》《輶轩语》等。

图23.黄绍箕夫人与孩子的合影

黄绍箕夫人张氏，是张之洞的侄女，黄绍箕的父亲黄体芳人称"瑞安先生"，与张
之洞是同榜进士。

图24.湖北提学使黄绍箕

黄绍箕曾任四川乡试副考官、湖北乡试正考官，在京师大学堂接任总办职务，还曾在武昌任两湖书院监督。1906年出任湖北提学使。他支持康有为、梁启超等人"公车上书"，主张维新强国，提倡科举、办新学。

图25.驻日公使李家驹的夫人

她的丈夫李家驹任京师大学堂总监督，期间组织过大型运动会，1907年任驻日公使，研究日本政治制度，回国后成为新政、立宪运动的领袖。

图26.潘雪箴与孩子的合影

潘雪箴是康有为的堂弟媳。

图27.驻日官员夫人

图28.驻日汪参赞夫人

此照片拍于东京，后赠予东洋妇人会。

图29.上海天足会代表沈章兰

　　"天足会"是提倡妇女解放双足的民间社团组织，要求禁止妇女缠足，革除封建陋习，是在上海兴起的女权运动。沈章兰的丈夫沈敦和，字仲礼，是中国近代社会活动家、慈善家，他开创了中国红十字会。

第二章

陆军学堂

图30.载沣
监国摄政王

图31.溥伟
和硕恭亲王

图32.阿穆尔灵圭
科尔沁扎萨克和硕博多勒噶台亲王

图33.讷勒赫
多罗顺承郡王

图34.贡桑诺尔布
喀喇沁扎萨克多罗都楞郡王

图35.载洵
海军大臣，郡王衔，多罗贝勒

图36.载涛
军咨处大臣，郡王衔，多罗贝勒

图37.毓朗
军咨处大臣，多罗贝勒

图38.溥佶
奉恩镇国公

图39.毓璋
奉恩镇国公

图40.全荣
奉恩镇国公

图41.溥钊
奉恩辅国公

图42.溥葵
奉恩辅国公

图43.意普
奉恩辅国公

图44.宪章
不入八分辅国公

图45.宪德
不入八分辅国公

图46. 麟光
固伦额驸，品级一等诚嘉毅勇公

图47. 兴安
三等承恩公

图48. 载搜
不入八分辅国公衔镇国将军

图49. 祺诚武
公衔头等台吉

图50.载勃
镇国将军

图51.乐泰
镇国将军

图52.安龄
镇国将军

图53.溥荃
辅国将军

图54.宪平
品顶戴，应封宗室

图55.良揆
男爵

图56.麟寿
男爵

图57.张绳祖
男爵兼一云骑尉

图58.兴瑞
奉恩将军

图59.德恒
郡君额驸

图60.庆恕
奉恩将军

图61.松瑞
奉恩将军

图62.朴厚
奉恩将军

图63.载武

宗室载武，咸丰癸丑年四月二十七日生，近支第四族正红旗庆恕佐领下人，宗人府经历。曾祖永度；祖绵兴，道光戊子举人；父奕联，副都统衔头等侍卫。

图64.岫林

宗室岫林，咸丰己未年十一月初三日生，正红旗头族庆恕佐领下人，二等侍衔充班领。曾祖宗敬；祖常松，原任本族族长；父凤辉，原任宗人府笔贴式。

图65.文铭

宗室文铭，同治乙丑年闰五月二十四日生，镶蓝旗第四族果勒明阿佐领下人，宗人府笔贴式。曾祖德安；祖富丰；父崇宽，同治甲子举人，光绪庚辰进士，翰林院庶吉士，盛京礼部侍郎兼署盛京户部侍郎，钦命牛马税监督。

图66.常纪

宗室常纪，同治乙丑年六月十一日生，镶白旗第一族常瑞佐领下人，花翎宗人府经历。曾祖诚山；祖恒芬；父丰烈，原任盛京兵部侍郎。

图67.瑞麟

宗室瑞麟，同治乙丑年十月初一日生，正红旗第一族宗室庆恕佐领下人，三等侍卫。曾祖伦庆，祖蕴德，父常纶

图68.文桐

宗室文桐，同治丙寅年七月十三日生，镶蓝旗第五族松海佐领下人，分部主事。曾祖明善；祖英宝，道光壬辰举人，乙未进士，工部员外郎；父岳琪，咸丰壬子举人，乙丑进士，二品衔，原任通政使司通政使。

图69.德祐

宗室德祐，同治庚午年五月二十一日生，正蓝旗第五族广裕佐领下人，花翎三品顶戴，仍以知府记名，简放截取繁缺知府。俟得知府后，在任以道员候补，并加二品衔礼部员外郎。曾祖禄康，原任东阁大学士；祖耆英，原任文渊阁大学士；父庆贤，原任宗人府理事官。

图70.文瀛

宗室文瀛，同治壬申年五月二十五日生，正红旗头族宗室庆恕佐领下人，吏部员外郎。曾祖春英，原任凉州副都统；祖谦禧，原任热河都统；父灵熙，现任①永陵守护大臣，兴京副都统。

图71.桂樑

宗室桂樑，同治癸酉年九月初十日生，正蓝旗第十二族桂芳佐领下人，花翎宗人府候补主事。曾祖连普，宗人府笔帖式；祖杰光，原任刑部郎中；父吉尔哈春，花翎三品顶戴，候补五品京堂，现任宗人府副理事官。

图72.松溥

宗室松溥，同治癸酉年五月十三日生，镶白旗二族常瑞佐领下人，癸巳举人，甲午进士，花翎四品衔，京察一等，宗人府理事官。曾祖恒尧；祖英彩；父常瑞，光绪丙子举人，任掌湖南道监察御史，公中佐领。

图73.庆愈

宗室庆愈，同治壬申年八月十九日生，正红旗头族庆恕佐领下人，光绪乙丑恩科举人，二品荫生，吏部即补主事。曾祖恒昌，多罗顺承慎郡王；祖伦柱，多罗顺承简郡王；父春岱，奉恩将军，花翎军功赏加副都统衔，卓异记名副都统，原任保定府城守尉。

———————

① 本章图注均为《清代陆军贵胄学同学录》原著注解，故时序等未做调整。

图74.都林

博禹特氏都林，同治甲戌年三月十八日生，镶蓝旗蒙古麟昌佐领下人，二等侍卫。曾祖庆昌；祖吉恒；父苏噜岱，花翎都统衔，现任正蓝旗满洲副都统。

图75.象贤

完颜氏象贤，同治甲戌年十月二十六日生，内务府满洲镶黄旗连荣佐领下人，花翎二品顶戴，直隶补用道。曾祖麟庆，原任江南河道总督；祖崇厚，原任都察院左都御史；父衡平，江苏补用道。

图76.荣厚

佟佳氏荣厚，同治甲戌年十一月初一日生，正白旗满洲桂钧佐领下人，花翎二品衔，候补丞，参吏部验封司掌印郎中。曾祖乌凌阿，原任昭西陵礼部正郎；祖廉明，原任吏部副郎；父恭寿，原任成都将军兼署四川总督。

图77.麒昌

宗室麒昌，光绪乙亥年二月十九日生，正白旗满洲承全佐领下人，宗人府候补笔帖式。曾祖额勒春，原任掌广东道监察御史；祖阿洪阿，三品卿衔，原任掌云南道监察御史；父瑞贤，光绪乙酉举人，己丑进士，现任掌安徽道监察御史。

图78.毓平

宗室毓平，光绪丙子年闰五月初二日生，镶红旗
近支定寿佐领下人，宗人府笔帖式。曾祖奕经，
原任协办大学士、吏部尚书；祖载铿，道光甲辰
举人，丁未进士，原任刑部主事；父溥峣，同治癸
酉年举人，光绪丁丑进士，原任宗人府主事。

图79.毓简

宗室毓简，光绪丙子年十月二十七日生，镶红旗右
翼近支头族定寿佐领下人，四品宗室。曾祖奕绘，
多罗贝勒；祖载钧，固山贝子；父溥楣。

图80.铨林

瓜尔佳氏铨林，光绪丙子年十一月初七日生，满
洲正白旗锡龄佐领下人，记名简放副都统。曾祖
萨炳阿；祖常志；父奎俊，现任正白旗蒙古都
统，总管内务府大臣。

图81.承荫

周氏承荫，光绪丁丑年四月十八日生，内务府镶
黄旗汉军椿寿佐领下人，圆明园笔帖式。曾祖德
克金；祖庆连，原任内务府郎中，杭州织造；父
锡昌，武备院卿衔，尽先即选知府，原任内务府
员外郎，汤泉总管。

图82.光裕

佟佳氏光裕，光绪丁丑年五月二十日生，正白旗满洲长寿佐领下人，花翎三品衔，即选知府，邮传部员外郎。曾祖丰陞阿，世袭男爵；祖德成，专用道，原任直隶广平府知府；父松寿，现任闽浙总督。

图83.荣桂

佟佳氏荣桂，光绪丁丑年九月初七生，正白旗满洲桂钧佐领下人，度支部员外郎。曾祖乌凌阿，原任昭西陵礼部郎中；祖廉明，原任礼部员外郎；父恭寿，原任成都将军兼署四川总督。

图84.奕元

宗室奕元，光绪戊寅年正月初一日生，镶白旗常瑞佐领下人，二品荫生花翎，宗人府副理事官。曾祖弘善，辅国将军，原任广州将军；祖永良，奉国将军；父绵文，原任礼部右侍郎。

图85.世贤

管氏世贤，光绪戊寅年八月十一日生，镶黄旗汉军世管佐领下人。曾祖德桂，原任副都统衔，头等侍卫兼世管佐领；祖长林，原任广东黄冈协副将兼世管佐领；父奎光，原任花翎四川夔州协副将兼世管佐领。

图86.桂英

宗室桂英，光绪乙卯年五月十四日生，正蓝旗第
十二族桂芳佐领下人，花翎宗人府候补主事。曾
祖连普，原任宗人府笔帖式；祖杰光，原任刑部
郎中；父吉尔哈春，花翎三品顶戴候补五品京
堂，现任宗人府副理事官。

图87.文礼

瓜尔佳氏文礼，光绪庚辰年正月初七日生，正白
旗满洲续德佐领下人，理藩部候补主事。曾祖保
亮；祖明林；父德瑞，二品衔，记名副都统，现
任右翼翼尉。

图88.衡玖

乌齐格里氏衡玖，光绪乙卯年十一月初八日生，
正红旗蒙古文翰佐领下人，法部员外郎。曾祖文
成，前河南右翼防御，晋赠文阁大学士；祖倭
仁，道光辛巳恩科举人，己丑进士，翰林院编
修，原任文华殿大学士，赠太保，谥文端，入祀
贤良祠；父福裕，头品顶戴，原任奉天府尹，世
袭骑都尉。

图89.文锜

朱尔车特氏文锜，光绪庚辰年三月十七日生，正
黄旗蒙古恩杰佐领下人，四品衔，三等侍卫委侍
卫班领。曾祖莫德里，翻译举人，世袭二等子爵
兼世管察哈尔佐领；祖希郎阿，世袭二等子爵兼
世管察哈尔佐领，世袭骑都尉；父恩佑，世袭二
等子爵兼世管察哈尔佐领，太子少保衔，花翎头
品顶戴，原任镶蓝旗蒙古都统。

图90.柏桢

杭阿坦氏柏桢，光绪庚辰年四月二十八日生，镶白旗蒙古特克慎佐领下人。曾祖奇德布；祖恒善；父奎焕，现任乌里雅苏台参赞大臣。

图91.志瀚

宗室志瀚，光绪庚辰年七月初二日生，正黄旗第二族山林佐领下人，二品荫生花翎，度支部通阜司员外郎。曾祖庆宽，原任理藩院郎中；祖文华，原任光禄寺正卿；父祥霖，原任泰宁镇总兵兼总管内务府大臣。

图92.恒敬

宗室恒敬，光绪辛巳年八月二十一日生，镶蓝旗第五族宗室松海佐领下人，理藩部主事。曾祖爱仁，辅国将军，晋封郑亲王；祖廉至，奉国将军，原任察哈尔都统；父耆徵，奉恩将军，前吉林副都统。

图93.柏增

杭阿坦氏柏增，光绪辛巳年十月初四日生，镶白旗蒙古特克慎佐领下人，花翎度支部候补员外郎。曾祖奇德布；祖恒善；父奎焕，现任乌里雅苏台参赞大臣。

图94.沈觐宸

沈觐宸，光绪壬午年二月十二日生，福建福州府
侯官县人，记名御史，内阁中书。曾祖葆桢，世
袭一等轻车都尉，原任太子太保，两江总督，予
谥文肃。祖玮庆，世袭一等轻车都尉，恩赏举
人；父翊清，世袭一等轻车都尉，记名陆军部丞
参，赠内阁学士。

图95.华堪

额勒德特氏华堪，光绪壬午年五月二十五日生，
镶黄旗蒙古恩绵佐领下人，民政部候补员外郎。
曾祖璧昌，原任两江总督；祖同福，候选郎中；
父锡珍，原任吏部尚书。

图96.延年

叶河那氏延年，光绪壬午年九月二十二日生，正
白旗满洲柏连佐领下人，花翎同知衔，法部主
事。曾祖那清安，原任兵部尚书，予谥文勤；祖
全庆，原任体仁阁大学士，予谥文恪；父麟祥，
吏部郎中。

图97.麟瑞

宗室麟瑞，光绪癸未年十一月二十二日生，正红
旗头族庆恕佐领下人，花翎宗人府笔帖式。曾
祖伦柱，顺承郡王，予谥曰简；祖春佑，镇国将
军，原任理藩院尚书，予谥诚恪；父谦光，辅国
将军，乾清门侍卫，原任镶白旗蒙古副都统。

图98.毓年

宗室毓年，光绪癸未年十一月二十七日生，正蓝旗满洲溥彩佐领下人，民政部员外郎。曾祖奕亨，多罗贝勒；祖载崇，原任刑部右侍郎；父溥良，现礼部尚书。

图99.王庆甲

王庆甲，光绪乙酉年正月二十六日生，浙江杭州府仁和县人，花翎二品顶戴，农工商部郎中，特用道。曾祖骥；祖又沂；父文韶，原任武英殿大学士，予谥文勤。

图100.衡光

完颜氏衡光，光绪甲申年正月十九日生，内务府镶黄旗满洲连荣佐领下人，花翎二品衔，候补三院卿，内务府候补郎中。曾祖延镠，原任山东泰安府知府；祖麟庆，嘉庆戊辰恩科举人，己巳进士，赏顶戴花翎，原任江南河道总督；父崇实，道光癸卯举人，庚戌翰林，原任刑部尚书，署盛京将军，追赠太子少保，予谥文勤；本生父崇厚，道光甲辰恩科副榜，己酉举人，太子少保，赏戴双眼花翎，原任都察院左都御史。

图101.文镜

朱尔车特氏文镜，光绪丙戌年二月初八日生，正黄旗蒙古恩杰佐领下人，大门侍卫。曾祖莫德里，翻译举人，世袭二等子爵兼世管察哈尔佐领；祖希朗阿，世袭二等子爵兼世管察哈尔佐领，世袭骑都尉；父恩祐，世袭二等子爵兼世管察哈尔佐领，太子太保衔，花翎头品顶戴，原任镶蓝旗蒙古都统。

图102.钟仑

乌雅氏钟仑，光绪丙戌年七月二十四日生，镶黄旗满洲明喜佐领下人，花翎三品衔，应升之缺升用吏部郎中。曾祖庆福，原任国子监博士；祖锡恩，候选员外郎；父贻毂，前绥远城将军。

图103.张荣骥

张荣骥，光绪丁亥年正月十八日生，镶黄旗汉军文龄佐领下人，花翎四品衔，候选通判。曾祖百亮；祖恩常；父德彝，前出使英、意、比国大臣，钦差专使西班牙国大臣，现镶蓝旗蒙古都统。

图104.广朴

宗室广朴，光绪丁亥年二月二十八日生，正黄旗满洲麟山佐领下人，一品荫生。曾祖玉贵；祖万义，原任开原城守尉；父明启，现任镶蓝旗汉军都统。

图105.杨焕宸

杨焕宸，光绪戊子年八月初十日生，正红旗汉军全志佐领下人，花翎二品顶戴候选道。曾祖书绩，原任云南恩安县知县；祖能格，道光乙未恩科乡魁，丙申恩科进士，翰林院编修，原任江宁布政使司布政使；父儒，同治丁卯举人，原任户部左侍郎。

图106.盛格

崔佳氏盛格，光绪己卯年十月十四日生，镶红旗满洲包衣锡光佐领下人，候选知县，陆军部笔帖式。曾祖阿保泰；祖联元，咸丰戊午举人，同治戊辰进士，翰林院检讨，原任内阁学士兼礼部侍郎衔，总理各国事务衙门大臣，予谥文直；父椿寿，现任醇贤亲王园寝礼部主事。

图107.尚久勤

尚久勤，光绪己丑年十月初五日生，镶蓝旗汉军尚其沣佐领下人，郡主额驸，候选知府。曾祖宗轼，世袭三等轻车都尉，署贵州提督，原任镇远镇总兵；祖昌本，原任广东佛冈同知；父其亨，头品顶戴，前出使考查政治大臣，现任福建布政使司布政使。

图108.毓彩

宗室毓彩，光绪戊子年十月初十日生，镶红旗定寿佐领下人，大理院六品推事。曾祖奕纪，原任御前大臣，户部尚书；祖载镳；父溥颐，现任农工商部尚书。

图109.广勤

宗室广勤，同治乙丑年十月初五日生，镶蓝旗三等侍卫兼第六族宗室佐领。曾祖罗尔忏，二品荫生；祖广恩，头等侍卫；父恩海，原任本族族长。

图110.成全

栋鄂氏成全，光绪辛巳年闰七月二十四日生，正黄旗满洲三甲喇恩林佐领下人，世袭二等子爵。曾祖音德布，世袭二等子爵；祖双喜，世袭二等子爵；父多隆武，世袭二等子爵。

图111.文厚

沙济富察氏文厚，光绪壬午年四月二十二日生，镶黄旗满洲凤山佐领下人，一品荫生，陆军部候补员外郎。曾祖吉拉章阿，甘肃参将；祖景昌，空衔花翎；父德贵，司礼长。世袭襄勇侯存兴之族侄。

图112.锡泉

宗室锡泉，光绪壬午年四月二十八日生，镶蓝旗第七族果勒明阿佐领下人，四品宗室。曾祖扬森，奉恩将军，原任城守尉；祖廷志，奉恩将军；父英文。

图113.乐钦

宗室乐钦，光绪壬午年六月初二日生，镶蓝旗第六族广勤佐领下人，四品宗室。曾祖敏克，奉恩将军，原任宗人府理事官；祖桂岑，奉恩将军，原任宗人府理事官；父锡寿，原任二等侍卫。

图114.溥琳

宗室溥琳，光绪壬午年六月十六日生，正蓝旗近支二族溥彩佐领下人，应封宗室。曾祖绵椿，奉恩辅国公；祖奕协，奉恩辅国公；父载帛，奉恩辅国公。

图115.崇勋

完颜氏崇勋，光绪壬午年七月初四日生，镶红旗满洲四甲喇联英佐领下人，骁骑校。曾祖兴安，世袭三等男爵兼世管佐领；祖喜林，世袭三等男爵兼世管佐领；父联英，世袭三等男爵兼世管佐领。

图116.郑迺鉴

郑迺鉴，光绪壬午年六月十八日生，安徽庐州府合肥县人，二品荫生，前光禄寺署正。曾祖秀楹；祖国俊，原任浙江处州镇总兵，记名提都，国史馆立传。兼祧祖国魁，前署天津镇总兵，记名提督，国史馆立传，立功省分建立专祠；父光杰，升用知府，直隶候补知县。

图117.璧瑜

索绰终氏璧瑜，光绪壬午年十一月十三日生，镶白旗满洲世勋佐领下人，候选知州。曾祖恒静，乾隆丁未翻译举人；祖麟魁，道光壬午举人，癸未进士，丙戌传胪，原任兵部尚书，陕甘总督，协办大学士，予谥文端；父恩寿，恩赐举人，同治甲戌进士，现任陕西巡抚。

图118.姜兆璜

姜兆璜，光绪癸未年二月十五日生，安徽颍州府亳州人，附生候选知县。曾祖永茂；祖桂题，现任直隶提督；父瑞云，补用都司。

图119.毓骦

宗室毓骦，光绪癸未年五月二十九日生，镶蓝旗近支二族毓英署佐领下人，四品宗室。曾祖奕棠，花翎，右翼宗学总管；祖载雅，四品衔候选主事；父溥侑，升用主事，宗人府笔帖式。

图120.龚齐坊

龚齐坊，光绪癸未年八月十四日生，浙江杭州府仁和县人。曾祖守正，嘉庆庚申举人，壬戌进士，太子太保，经筵讲官，原任礼部尚书，予谥文恭；祖自闳，道光癸卯举人，甲辰进士，原任工部侍郎；父家尚，四品衔法部郎中。

图121.锡明

苏完呢瓜尔佳氏锡明，光绪癸未年四月初七日生，镶黄旗满洲二甲喇本身佐领下人，委散秩大臣，分献大臣，世袭一等信勇公爵兼勋旧佐领。曾祖盛桂，黑龙江将军，一等信勇公爵兼勋旧佐领；祖联绶，头等侍卫，一等信勇公爵兼勋旧佐领；本生祖联康，二等侍卫，侍卫什长，一品荫生；父定昌，委散秩大臣，一等信勇公爵兼勋旧佐领，正蓝旗满副都统，镶蓝旗护军统领；本生父景祺，一品荫生，二等侍卫，侍卫班领。

图122.刘朝望

刘朝望，光绪癸未年九月十三日生，安徽庐州合肥县人，光绪丁酉举人，花翎三品衔候选道，法部郎中。曾祖惠；祖铭传，原任直隶提督，福建台湾巡抚，一等男爵，晋赠太子太保，予谥壮肃，国史馆立传，立功省分建立专祠；父盛芸，光绪癸巳恩科副贡，特赏举人，特旨存记道。

图123.玉辉

宗室玉辉，光绪癸未年十月二十六日生，正蓝旗第二族铁焜佐领下人，四品宗室。曾祖贵定，奉国将军，世管佐领；祖端明，奉恩将军，世管佐领，大考一等；父恒觊，宗人府主事；生本父恒睿，现任本族族长。

图124.煜贵

赫舍哩氏煜贵，光绪癸未年十二月十四日生，正黄旗满洲头甲喇常海佐领下人，世袭二等男爵。曾祖特克慎，世袭二等男爵；祖清福，世袭二等男爵；父明喜，世袭二等男爵。

图125.麟济

葛尔达苏氏麟济，光绪癸未年十二月十七日生，镶红旗满洲文熙佐领下人，二品荫生，补用骁骑校。曾祖皂庆；祖成永；父联魁，头品顶戴，现任甘肃新疆巡抚。

图126.齐敏

伊尔根觉罗氏齐敏，光绪癸未年十二月二十七日生，正红旗满洲承厚佐领下人，附生法部笔帖式。曾祖隆文，嘉庆甲子举人，戊辰翰林，原任刑部尚书，镶红旗蒙古都统，军机大臣，予谥端毅；祖桂清，原任福建汀漳龙道；父奎英，原任工部员外郎。

图127.卫献玫

卫献玫，光绪甲申年正月十七日生，河南卫辉府新乡县人，附贡生。曾祖殿华，附贡生。祖世杰，廪贡生，河内县教谕；父荣光，道光丙午举人，咸丰壬子进士，翰林院编修，原任山西巡抚。

图128.贵筠

巴禹特氏贵筠，光绪甲申年正月二十六日生，正白旗蒙古第七甲喇拴禄佐领下人，贡生。曾祖德兴额；祖巴哈，盛京正白旗蒙古公中佐领；父尚贤，同治庚午举人，甲戌进士，翰林院编修，内阁学士兼礼部侍郎衔，钦赏副都统衔，留京候简，前驻藏帮办大臣。

图129.陈昌谷

陈昌谷，光绪甲申年三月十五日生，贵州贵阳府开州人，原籍江西抚州府崇仁县，分省试用知府。曾祖之榛，廪贡生；祖世炘，道光辛卯举人，大挑一等，原任贵州清溪县知县；父夔麟，同治癸酉补行甲子科举人，光绪庚辰进士，翰林院庶吉士，现任广东布政使司布政使。

图130.继馥

阎佳氏继馥，光绪甲申年四月二十日生，正黄旗汉军福煊佐领下人，二品荫生以通判用。曾祖阎溥；祖德春；父成勋，署理吉林将军，裁缺吉林副都统。

图131.恒绪

宗室恒绪，光绪甲申年九月三十日生，镶蓝旗近支二族宗室毓英佐领下人，四品宗室。曾祖载宜，道光癸卯举人；祖福钊，四品京堂，户部员外郎；父毓泉，宗人府主事。

图132.柏昆

宗室柏昆，光绪甲申年闰五月二十三日生，镶蓝旗第五族松海佐领下人，四品宗室。曾祖怀秀，嘉庆甲子举人，宗人府笔帖式，东陵承办事务衙门主事，礼部员外郎，石门工部郎中；祖连昌；父清倚，镶黄旗三等侍卫，侍卫副班领。

图133.尚久恩

尚久恩，光绪甲申年闰五月初十日生，镶蓝旗汉军尚其沣佐领下人，世袭恩骑尉。曾祖宗蕙，世袭三等轻车都尉；本生曾祖宗轼，世袭三等轻车都尉，署理贵州提督，原任镇远镇总兵；祖昌懋，头品顶戴军功花翎，黄马褂，世袭三等轻车都尉，原任正红旗汉军都统，国史馆立传；父其垚，世袭恩骑尉，花翎二品衔特用道。

图134.光瀛

佟佳氏光瀛，光绪甲申年十二月十四日生，正白旗满洲三甲喇长寿佐领下人，昌陵礼部郎中。曾祖丰陞阿，世袭男爵；祖德启，世袭男爵，记名总兵，甘肃副将；本生祖德成，专用道，原任直隶广平府知府；父麟寿，世袭男爵，记名副都统。

图135.世昌

宗室世昌，光绪乙酉年六月初四日生，镶蓝旗头族宗室国常佐领下人，四品宗室。曾祖成朗，原任户科给事中；祖廉明，副理事官；父达春。

图136.徐迪祥

徐迪祥，光绪乙酉年三月初七日生，江苏太仓州嘉定县人，一品荫生，度支部外郎。曾祖樟，邑庠生；祖述岐，旌表孝行；本生祖经，嘉庆戊寅恩科举人，己卯恩科进士，翰林院编修，原任山东济东泰武临道；父郇，咸丰己未恩科举人，同治壬戌状元，翰林院修撰，原任协办大学士礼部尚书。

图137.麟钰

沙济富蔡氏麟钰，光绪乙酉年四月十七日生，镶黄旗满洲凤山佐领下人，世袭一等男爵。曾祖博敬，世袭一等男爵；本生曾祖博启图，世袭一等诚嘉毅勇公爵，御前大臣，太子太保衔，原任工部尚书，子谥敬僖；祖景成，世袭一等男爵，赏戴花翎，头等侍卫；本生祖景寿，世袭一等诚嘉毅勇公爵，御前大臣，领侍卫内大臣，固伦额驸，予谥端勤；父耆昌，一品荫生，三等侍卫；本生父志勋，四品京堂。

图138.荣华

宗室荣华，光绪丙戌年四月初六日生，镶白旗第二族常瑞佐领下人，四品宗室。曾祖文高，二等侍卫；祖祥垕；父继嘉。

图139.常贵

宗室常贵，光绪乙酉年六月十八日生，正黄旗第一族寿恒佐领下人，恩监生，宗人府笔帖式。曾祖达谦；祖多平，西陵员外郎；父惠诚。

图140.郭则沄

郭则沄，光绪乙酉年十二月二十九日生，福建福州府侯官县人，主事衔。曾祖柏荫，道光戊子举人，壬辰进士，翰林院编修，原任湖北巡抚，署湖广总督；祖式昌，咸丰乙未补行戊午科举人，原任浙江金衢严道，署浙江按察使司按察使；父曾准，光绪己卯举人，壬辰进士，翰林院庶吉士，候选知府，现任江西义宁州知州。

图141.恩厚

和舍里氏恩厚，光绪乙酉年六月初十日生，正黄旗满洲惠忠佐领下人，世袭男爵，二等侍卫。曾祖和春，督办三江军务，钦差大臣，赏戴双眼花翎，原任江宁将军，予谥忠壮；祖霍顺武，世袭男爵，二等侍卫；父文佟，二品荫生。

图142.顾思范

顾思范，光绪丙戌年七月初七日生，江苏太仓州镇祥县人，知县用安徽补用县丞。曾祖慰祖，附贡生；祖钟；本生祖鏕，四品衔候选同知；父浩如，本生父元爵，特赠内阁学士。

图143.毓庄

宗室毓庄，光绪丙戌年七月十一日生，镶蓝旗近支第二族毓英署佐领下人，四品宗室。曾祖奕颢，奉恩镇国公，原任兵部尚书；祖载耀，原任吉林副都统；父福恩，原任宗人府主事。

图144.德通

宗室德通，光绪丙戌年九月二十六日生，正蓝旗第十一族麒振佐领下人，四品宗室。曾祖瑞喜，原任宗人府主事；祖嵩祥，原任二等侍卫；父广志，宗人府候补笔帖式。

图145.麟昭

沙济富察氏麟昭，光绪丙戌年七月十六日生，镶黄旗满洲凤山佐领下人，监生。曾祖博启图，世袭一等诚嘉毅勇公爵，御前大臣，太子太保衔，原任工部尚书，予谥敬僖；祖景寿，世袭一等诚嘉毅勇公爵，御前大臣，领侍卫衔内大臣，固伦额驸，予谥端勤；父志勋，四品京堂。

图146.吴保锴

吴保锴，光绪丙戌年十一月初七月生，山东武定府海丰县人。曾祖式芬，道光壬午举人，乙未进士，翰林院编修，原任内阁学士兼礼部侍郎衔；祖重熹，同治壬戌恩科补行辛酉科举人，现任河南巡抚；父嶔，光绪戊子副贡，浙江候补知府。

图147.光泰

佟佳氏光泰，光绪丙戌年十二月初一日生，正白旗满洲长寿佐领下人，花翎三品衔，定陵礼部郎中。曾祖丰陞阿，世袭男爵；祖德成，专用道，原任直隶广平府知府；父松寿，现任闽浙总督。

图148.萨佑

宗室萨佑，光绪丙戌年十二月初七日生，镶红旗第六族宗室祥林佐领下人，四品宗室。曾祖法克星阿；祖桂荫；父玉龄，三等侍卫副班领。

图149.希敬

宗室希敬，光绪丙戌年十二月三十日生。镶蓝旗第五族松海佐领下人，四品宗室。曾祖爱仁，奉国将军，追封郑亲王；祖廉至，奉国将军，原任察哈尔都统；父耆徽，奉恩将军，前吉林副都统。

图150.松年

苏完尼瓜尔氏松年，光绪丁亥年正月十三日生，正黄旗满洲润芳佐领下人，三等侍卫。曾祖禄贤，世袭一等昭勋雄勇公爵，原任散秩大臣；祖复昌，世袭一等昭勋雄勇公爵，原任散秩大臣；父符珍，世袭一等昭勋雄勇公爵，固伦额驸，内大臣，现任正白旗满洲都统。

图151.李晋祥

李晋祥，光绪丁亥年闰四月初九日生，湖北汉阳府沔阳州人，分省试用知县。曾祖道湘，道光甲辰恩科举人，原任直隶柏乡县知县；祖绂藻，同治丁卯经魁，辛未进士，翰林院检讨，原任仓场侍郎；父烈钦，附贡生，二品荫生，候选知府。

图152.铜锟

宗室铜锟，光绪丁亥年五月初七日生，正蓝旗第三族灵照佐领下人，四品宗室。曾祖文亶，嘉庆戊寅举人；祖凤翰；父延庥。

图153.忠旭

伊尔根觉罗氏忠旭。光绪丁亥年五月二十四日生，正蓝旗满洲文泰佐领下人，监生。曾祖伊克坦布，花翎，提督衔记名总兵，原任贵州清江协副将，恩赏骑都尉世职；祖桂龄，花翎，记名副都统、护军参领兼袭骑都尉；父祥佑，花翎，现任山东临沂州协副将兼袭骑都尉。

图154.成荫

郭佳氏成荫，光绪丁亥年七月初一日生，镶蓝旗
满洲永泉佐领下人，贡生，礼部笔帖式。曾祖广
泰，原任礼部侍郎；祖穆彰阿，嘉庆庚申举人，
乙丑翰林，原任文华殿大学士；父萨廉，光绪丙
子举人，庚辰翰林，裁缺礼部侍郎，现任正黄旗
护军统领。

图155.毓英

宗室毓英，光绪丁亥年九月初一日生，正蓝旗第
二族溥彩佐领下人，四品宗室。曾祖奕聪，镇国
将军；祖载润；父溥森。

图156.文林

宗室文林，光绪丁亥年九月初二日生，正红旗头
族庆恕佐领下人，四品宗室。曾祖庆陞额；祖海
明；父凤寿。

图157.溥经

宗室溥经，光绪丁亥年九月十四日生，镶红旗近
支第三族定寿佐领下人，四品宗室。曾祖绵革，
和硕庄质亲王；祖奕仁，和硕庄厚亲王；父载
勋，已革和硕庄亲王。

图158.刘祖兰

刘祖兰，光绪丁亥年十一月十二日生，直隶河开
府吴桥县人，附生，法部候补主事。曾祖廷瑞；
祖硕肤；父恩溥，同治乙丑进士，翰林院编修，
原任仓场侍郎。

图159.贤麟

萨克达氏贤麟，光绪戊子年二月初一日生，正
黄旗满洲清康佐领下人，同知职衔。曾祖恩达
赫，原任火器营参领；祖双寿，国子监生员；父
瑞启，乾清门侍卫，现任镶白旗蒙古副都统。

图160.福荫

朱尔车特氏福荫，光绪丁亥年十月十九日生，正
黄旗蒙古恩杰佐领下人，大门侍卫，世制二等子
爵兼世管察哈尔佐领。曾祖希朗阿，世袭二等子
爵兼世管察哈尔佐领，原任湖北副将，赏加骑都
尉世职；祖恩佑，世袭二等子爵兼世管察哈尔佐
领，太子少保，花翎头品顶戴，管理神机营事务
大臣，原任镶蓝旗蒙古都统；父文锦，二品顶
戴，原任头等侍卫，续办事章京。

图161.志庚

宗室志庚，光绪戊子年正月二十六日生，正蓝旗
第四族庆锟佐领下人，四品荫生，宗人府候补笔
帖式。曾祖受庆，嘉庆丙子举人，道光壬午进
士，翰林院编修，原任都察院左副都御史；祖奎
景，咸丰辛亥举人，原任宗人府主事；本生祖奎
郁，同治丁卯举人，甲戌进士，原任内阁侍读学
士；父宝熙，光绪戊子举人，壬辰进士，翰林院
编修，现任学部右侍郎。

图162.庆格

铁岭胡氏庆格，光绪戊子年二月初一日生，镶白旗汉军四甲喇英顺佐领下人，陆军部候补主事。曾祖胡文陞；祖常顺，骁骑参领；父联芳，现任外务部左侍郎。

图163.张璬

张璬，光绪戊子年二月初五日生，河南光州固始县人，附生，主事衔。曾祖惇麟，增生；祖问行，增贡生；父仁黻，邑庠生，花翎，候选同知。原任吏部左侍郎张仁黼之胞侄。

图164.玉昆

宗室玉昆，光绪戊子年三月二十四日生，正蓝旗满洲第十三族富宽佐领下人，四品宗室。曾祖吉定，原任宗人府主事；祖英增，原任一等侍卫兼本族族长；父文信，现任本族学长。

图165.魁瀛

穆尔察氏魁瀛，光绪戊子年六月初七日生，镶白旗满洲爱绅佐领下人，二品荫生，花翎五品衔，法部候补主事。曾祖特克绅布，原任江西吉安府知府；祖英会，原任惠陵礼部员外郎；父铁良，现任陆军部尚书）魁瀛。

图166.松生

宗室松生，光绪戊子年六月二十九日生，镶白旗二族常瑞佐领下人，恩监生，法部八品录事。曾祖恒谟，宗学总管；本生曾祖恒尧；祖丰泽，宗人府主事；本生祖英彩；父常隆；本生父常瑞，光绪丙子举人，现任掌湖南道监察御史，公中佐领。

图167.恒垿

宗室恒垿，光绪戊子年七月二十四日生，正蓝旗满洲溥彩佐领下人，四品宗室。曾祖载铨，和硕定敏亲王；祖溥煦，多罗定慎郡王；父毓长，一等镇国将军。

图168.连通

宗室连通，光绪戊子年八月二十二日生，正白旗第三族承全佐领下人，四品宗室。曾祖何谦，祖惟忠，父宝继。

图169.陈绳

陈绳，光绪戊子年十月十一日生，福建福州府闽县人。曾祖春芳，旌奖孝友；祖鸿英，抚民同知；父瑀，四品衔，国史馆誊录。前任邮传部尚书陈璧之胞侄。

图170.毓逖

宗室毓逖，光绪戊子年十一月十三日生，正蓝旗近支第二族溥彩佐领下人，奉国将军。曾祖奕亨，多罗贝勒；祖载容，固山贝子；父溥绶，辅国将军。

图171.宝文

宗室宝文，光绪戊子年十一月二十三日生，正白旗第二族承全佐领下人，花翎，宗人府候选理事官。曾祖荣遐，道光甲午举人，原任宗人府主事；祖敬信，原任体仁阁大学士，追赠太子太保，予谥文恪；父墨麒，终制开缺内阁学士兼礼部侍郎衔。

图172.荣良

宗室荣良，光绪戊子年十一月二十四日生，镶白旗二族常瑞佐领下人，四品宗室。曾祖文徵，奉国将军；祖祥登，奉恩将军；父继凤，奉恩将军，一品荫生，三等侍卫。

图173.毓翰

宗室毓翰，光绪戊子年十二月十六日生，右翼镶红旗近支三族定寿佐领下人，四品宗室。曾祖奕赓，祖载焘，父溥墩。

图174.麟湔

宗室麟湔,光绪戊子年十二月十七日生,正红旗
三族恩元佐领下人,四品宗室。曾祖瑞玉;祖锡
光;父海志,二等侍卫,侍卫班领。

图175.长缜

宗室长缜,光绪戊子年十二月二十二日生,正蓝
旗第五族广裕佐领下人,四品宗室。曾祖耆英,
原任文渊阁大学士;祖庆贤,宗人府理事官;父
德祜,花翎三品顶戴,记名简放繁缺知府,礼部
员外郎。

图176.奉纯

博尔济吉特氏奉纯,光绪己丑年正月十一日生,
镶黄旗满洲清顺佐领下人。曾祖哈福康阿,前锋
参领;祖希拉绷阿,云南副将;父经文。郡主和硕
额驸,散秩大臣,原任杭州将军果勒敏之胞侄。

图177.良豫

瓜尔佳氏良豫,光绪己丑年正月十三日生,正白
旗满洲锡龄佐领下人,步军统领衙门候补员外
郎,世袭骑都尉加一云骑尉又兼恩骑尉。曾祖塔
斯哈,原任镶红旗蒙古都统,喀什噶尔办事大
臣,予谥庄毅;祖长瑞,原任天津总兵,予谥武
壮;父承禄,原任湖北郧阳府知府。

图178.善铎

宗室善铎，光绪己丑年二月十五日生，正蓝旗溥彩佐领下人，应封宗室，辅国将军。曾祖恒明，奉恩辅国公；祖裕恪，奉恩辅国公；父意普，奉恩辅国公。

图179.颐庆

宗室颐庆，光绪己丑年二月二十六日生，镶红旗第三族春满佐领下人，四品宗室。曾祖奉福，头等侍卫；祖福锡，乾清门头等侍卫；父恩裕，宗人府笔帖式。

图180.济昌

宗室济昌，光绪己丑年正月十四日生，镶蓝旗三族宗室国常佐领下人，花翎，陆军部学习主事。曾祖明恺，宗人府主事；祖庆广，宗学副管；父景厚，光绪己卯举人，丙戌进士，礼部左侍郎。

图181.立贤

完颜氏立贤，光绪己丑年正月二十一日生，镶黄旗满洲连荣佐领下人，花翎三品顶戴，内务府候补郎中。曾祖麟庆，嘉庆戊辰恩科举人，己巳进士，原任江南河道总督；祖崇厚，道光己酉举人，前都察院左都御史；父衡平，同治乙亥恩科举人，选用道。

图182.丰申

宗室丰申，光绪己丑年四月二十二日生，正蓝旗第十一族麒振佐领下人，四品宗室。曾祖保奎，原任云麾使；祖常灿，二等侍卫；父志和。

图183.存昌

宗室存昌，光绪己丑年五月十二日生，镶红旗第六族祥林佐领下人，四品宗室。曾祖秀慧，宗人府理事官；祖兆麟，头等侍卫，记名副都统；父吉绥，三等侍卫。

图184.克兴额

郭博勒氏克兴额，光绪己丑年四月二十四日生，正白旗满洲恒连佐领下人，四品衔，邮传部庶务司学习郎中。曾祖忠山，原任正白旗蒙古都统，予谥恪僖；祖穆腾阿，帮办安徽等省军务大臣，军功花翎，原任江宁将军，济特固勒特依巴图鲁；父希朗阿，花翎，现任镶黄旗满洲副都统，镶黄旗护军统领。

图185.志清

宗室志清，光绪己丑年四月二十三日生，正蓝旗第四族庆锟佐领下人，二品荫生，大理院六品推事。曾祖成海；本生曾祖受庆，嘉庆丙子举人，道光壬午进士，翰林院编修，原任都察院副都御史；祖奎郁，同治丁卯举人，甲戌进士，原任内阁侍读学士；父宝贤；本生父宝熙，光绪戊子举人，壬辰进士，翰林院编修，现任学部右侍郎。

图186.耆年

叶赫那拉氏耆年，光绪己丑年六月初二日生，正
蓝旗满洲吉寿佐领下人，陆军部郎中。曾祖庆
泰，嘉庆癸亥翻译进士，东陵礼部员外郎；祖瑞
麟，原任文华殿大学士，两广总督，晋赠太保，
予谥文庄；父怀塔布，原任理藩院尚书，总管内
务府大臣，晋赠太子少保，予谥恪勤。

图187.国源

富蔡氏国源，光绪己丑年九月初四日生，镶黄旗
满洲锡惠佐领下人，贡生，国史馆议叙笔帖式。
曾祖玉成，候选知府兼袭轻车都尉；祖硕麟，花
翎，提督衔，原任直隶通永镇总兵兼袭轻车都
尉；父霍顺武，花翎，二品衔，军机处存记道，
原任浙江绍兴府知府兼袭轻车都尉。

图188.徐传元

徐传元，光绪己丑年九月初四日生，江苏太仓州
嘉定县人。曾祖述岐，旌表孝行；本生曾祖经，
嘉庆戊寅恩科举人，己卯恩科进士，翰林院编
修，原任山东济东泰武临道；祖郙，咸丰己未恩
科举人，同治壬戌恩科状元，原任协办大学士，
礼部尚书；父桢祥，二品荫生，直隶候补道。

图189.溥露

宗室溥露，光绪己丑年九月二十七日生，正蓝旗
近支第二族宗室溥彩佐领下人，宗人府经历司学
习笔帖式。曾祖绵勋，固山贝子；祖奕均，追封
奉恩镇国公；父载信，奉恩镇国公。

图190.继质

宗室继质，光绪己丑年十月初十日生，镶白旗二族常瑞佐领下人，四品宗室。曾祖恒晋，镇国将军；祖文续；父祥立，前左翼宗学副官。

图191.常麟

马佳氏常麟，光绪己丑年十一月二十四日生，镶黄旗满洲继良佐领下人，正二品荫生。曾祖德克吉贺；祖庆福；父明惠，头品顶戴，都统衔，前任凉州副都统。

图192.厚良

宗室厚良，光绪己丑年十一月十六日生，正蓝旗满洲第八族溥彩佐领下人，四品宗室，恩赏主事。曾祖讷勒亨额，嘉庆己卯进士，原任盛京刑部侍郎，库伦办事大臣；祖瑞清，原任宗人府笔帖式；父宝丰，光绪己丑进士，原任翰林院侍读。

图193.松耆

苏完尼瓜尔佳氏①松耆，光绪己丑年十二月二十日生，一品荫生，正黄旗满洲润芳佐领下人。曾祖禄贤，世袭一等昭勋雄勇公爵，原任散秩大臣；祖复昌，世袭一等昭勋雄勇公爵，原任散秩大臣；父符珍，世袭一等昭勋雄勇公爵，固伦额驸，内大臣，现任正白旗满洲都统。

① 似为苏完瓜尔佳氏。

图194.恒寅

宗室恒寅，光绪庚寅年二月初二日生，正蓝旗第一族溥彩佐领下人，四品宗室。曾祖载铨，和硕定敏亲王；祖溥煦，多罗定慎郡王；父毓长，一等镇国将军。

图195.德玉

宁古塔氏德玉，光绪庚寅年五月二十六日生，镶蓝旗满洲玉昆佐领下人。曾祖富英阿；祖明魁，原任杭州副都统；父瑞昆，二品衔，卓异记名副都统。

图196.胡同林

胡同林，光绪庚寅年二月二十二日生，安徽泗州人，原籍浙江绍兴府萧山县，二品荫生以通判用。曾祖寿牲；祖豫；父燩棻，同治甲子举人，甲戌进士，翰林院庶吉士，原任邮传部右侍郎。

图197.钱承懋

钱承懋，光绪庚寅年二月二十日生，浙江嘉兴府嘉善县人，度支部候补主事。曾祖垍，郡庠生；祖宝廉，道光癸卯举人，庚戌进士，翰林院编修，原任吏部右侍郎；父文训；本生父能训，光绪癸巳恩科举人，戊戌进士，裁缺奉天右参赞。

图198.钟麟

钮祜禄氏钟麟，光绪庚寅年五月二十八日生，镶黄旗满洲信恪佐领下人，陆军部学习主事。曾祖恩绪，西宁办事大臣，世袭二等男爵，晋封侯爵；祖瑚图理，世袭侯爵兼袭二等男爵，晋封承恩公，委散秩大臣；父文瑞，世袭二等男爵，现任西安将军。

图199.谦顺

宗室谦顺，光绪庚寅年七月二十九日生，镶红旗满洲二族春满佐领下人，四品宗室。曾祖炳悦，祖伊什布，父裕祺。

图200.祥茂

沙济富察氏祥茂，先绪辛卯年正月初九日生，正黄旗满洲书润佐领下人，世袭一等男爵。曾祖成明，世袭一等男爵，头等侍卫；祖凤纪，世袭一等男爵，原任杀虎副将；本生祖凤冈，世袭骑都尉加云骑尉兼恩骑尉，原任山东城守营参将；父连兴，世袭一等男爵兼公中佐领；本生父文海，世袭骑都尉加云骑尉兼恩骑尉，二等侍卫

图201.富克锦

萨克达氏富克锦，光绪庚寅年七月十九日生，镶蓝旗满洲祥福佐领下人，钦赏和硕额驸品级，二等侍卫，世袭恩骑尉。曾祖安福，原任察哈尔都统，以军功给云骑尉世职，子谥刚恪；祖熙拉布，御前侍卫，都统衔，左翼前锋统领，原任正黄旗满洲副都统；父扎拉丰阿，寿禧和硕额驸，赏镇国公衔，御前大臣，赏戴双眼花翎，原任正蓝旗蒙古都统。

图202.世纲

宗室世纲，光绪辛卯年四月二十五日生，正蓝旗满洲第九族宗室宝锟佐领下人，四品宗室。曾祖福伦，第九族学长；祖秀龄，第九族族长；父多寿，现任盖州城守尉。

图203.承启

喜塔腊氏承启，光绪辛卯年七月初二日生，正白旗满洲成福佐领下人，二品荫生，员外郎衔。曾祖崇纶，头品顶戴，原任湖北巡抚；祖裕长，头品顶戴，原任湖北巡抚；父熙彦，光绪壬辰进士，现任农工商部左侍郎。

图204.熙昌

室宗熙昌，光绪壬辰年三月十七日生，镶蓝旗三族国常佐领下人，二品荫生。曾祖明恺，宗人府主事；祖庆广，宗学副官；父景厚，光绪己卯举人，丙戌进士，现任礼部左侍郎。

图205. 奕劻与陆军贵胄学堂毕业学员合影

图206.陆军贵胄学堂学员列队合影

图207.陆军贵胄学堂学员射击训练之一

图208.陆军贵胄学堂学员射击训练之二

图209.陆军贵胄学堂学员操演训练

图210.陆军贵胄学堂学员体能训练之一

图211.陆军贵胄学堂学员体能训练之二

图212.陆军贵胄学堂学员做操

第三章

私家学堂

图213.肃亲王家中的育女学堂

肃亲王在家中为自己家的女童开设了女子学堂，后发展为专收各个王府的女子的学堂，对她们进行西式教育。育女学堂每周学六天，开设算术、中文、音乐、健美操、日语、绘画、中国历史等课程。图中前排的男童在写字，而女童在学做女红。

图214.肃亲王家学堂门前

站在左边的是肃亲王聘请的日本女教师河原操子，她曾在上海务本女中①担任日语教师，1903年在王府创办的女子初等教育机构——毓正女学堂②中继续担任日语教师。站在中间的是肃亲王福晋，右边的是女学堂的学生们。

---

① 上海第一所国人自办的女子学校。——编者注
② 蒙古地区第一所新式女子学堂。——编者注

图215.北京学堂学生

图216.天津吕氏女学堂学生

天津吕氏女学堂是由吕碧城主持，商人、地方官僚等出资创办的公立女校。这所女学堂由吕碧城担任教师，主管教学任务。吕碧城曾任北洋女子师范学堂总教习、监督，与秋瑾并称为"女子双侠"，是当时有名的才女。她在天津结交了许多知识分子，活跃于知识阶层。

图217.天津严氏家塾女学堂

严氏家塾是天津第一所国人自办的女学堂，后改名为严氏女学，其创办人是严修。学堂建于严修家中，学生主要是其亲属。学堂分两级，主要课程有国文、英语、日语、数学、理化、史地、音乐、绘图、手工，其中日本教师教授日语、音乐、手工，严修的妹妹严淑琳任监学。他创办的严氏女塾曾被《大公报》称为"女学振兴之起点"。

图218.周氏家塾学生合影

周氏家塾创办人是周家纯，原名朱剑凡。他曾在日本留学，后加入同盟会。1905年他在长沙太安里私宅创办了这所学堂，开始的时候，周氏家塾只收本族亲属，后扩收外姓女生。这所学堂后续发展为"周南女中"。

图219.杭州女子学校学生合影

戊戌变法后，杭州教育会发起创办女校的号召，最终创办了杭州女子学校，这是杭州第一所中国任创办的女子学校，由顾文郁担任校长。顾文郁是当时广东乐会县知县钟廷庆的夫人，其父亲曾任广东知州，她致力于推进女性的思想解放，力求男女平等。她在校内成立了放足会，决定改变缠足这种封建陋习。

图220.湖南长沙幼稚园

图221.湖南长沙幼稚园外景

第四章

王公内宅

图222.溥伦府邸内宅

晚清时期，王公数
量增加，很多府邸
由民间大宅改造，
但依然可从大门上
体现身份。

图223.溥伦府邸

溥伦府邸位于大甜水井胡同21号，属于小式硬山①合瓦建筑。

---

① 古代常见屋顶构造方式之一，小式硬山建筑最普遍。——编者注

肃亲王府，清早期称显亲王府，坐落于东交民巷，在签订《辛丑条约》后，被日本人占为使馆。

图226.公爵书房内景

图227.公爵府邸内部景象

图228.曾国藩故居之一

一间富厚堂，半个清朝史。曾国藩为晚清国之重臣，祖籍湖南湘乡。他崇尚"程朱理学"，讲道德，说仁义，与李鸿章、张之洞、左宗棠合称"晚清中兴四大名臣"

图229.曾国藩故居之二

图230. 曾国藩故居之三

第五章

人文风光

图231.北京皇宫城墙外部景象

城墙上是黄琉璃瓦顶，墙身直接刷红色。墙高8米，板筑的夯土墙，有防御外敌的作用。

图232. 北京景山

明清时期，景山公园坐落在北京的中轴线上，是全城的制高点，曾是皇家祭祖追思的重要场所，保留着众多文物古迹。

图234.北京街上的骆驼队

北京地区的骆驼当时集中在城外西侧。骆驼队规模庞大，耐力很强，能驮几百斤的货物，可以几天不吃不喝，为商人增加了经济效益。

图235.北京城内交通工具——马车

图236.北京的临街商铺

图237.北京街头百姓

图238. 北京平民住房

图239. 北京城内的肉铺

老北京城内卖生肉的地方，现宰现杀。

图240.北京城外放羊人

图241.北京城外景象之一

图242.北京城外景象之二

毛驴是当时重要的劳动生产力。

图243.北京城外景象之三

图244.北京城外毛驴车队之一

当时毛驴是重要的运输工具。毛驴两边挂有荆条驮筐。货物一般驮至城外关厢①货栈。毛驴车队一般有固定路线。

---

① 城市建筑沿道路扩张形成的新城区。——编者注

图245.北京城外
毛驴车队之二

毛驴在城内是供
人骑乘的廉价交
通工具。

图246.北京平民住房

图247.北京钟楼

北京钟楼与鼓楼合称"钟鼓楼",是北京中轴线的组成部分,钟鼓楼各有两层,坐北朝南,鼓楼内原有25面更鼓;钟楼内遗存有八角形木框钟架和铜钟等文物,钟楼上面悬着一个大铜钟,上面刻有"大明永乐年"字样,始建于大明永乐年间,是迄今为止中国发现的最重的铜钟。

丰台火车站始建于1895年，是北京最早的火车站。

芝罘日本领事馆位于山东烟台芝罘区烟台山西路。此处为日本间谍与日本外交官传递情报信息的地方。

洞庭湖是历史上的战略要地，也是中国传统农业发祥地，是著名的鱼米之乡。

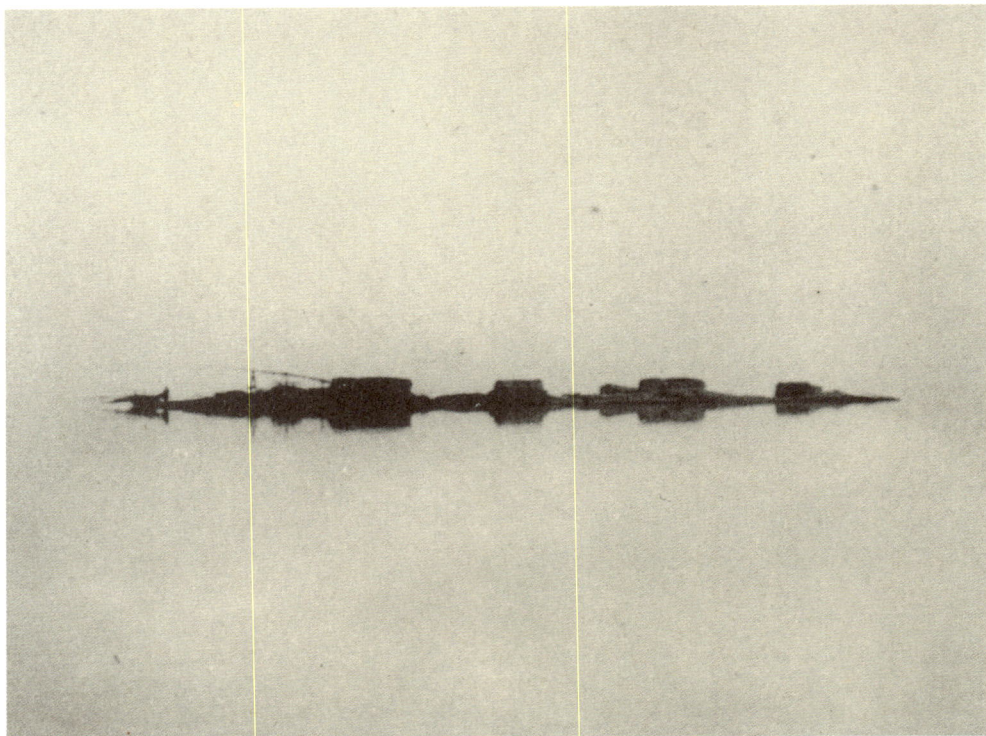

慈氏塔，又名慈氏寺塔，位于湖南省岳阳市岳阳楼区洞庭南路西侧宝塔巷。慈氏塔塔身由砖石构成，对研究古代佛塔建筑有重要作用。此塔由南宋孟珙[1]所建造，他虽出身武行，但却精通佛法。

---

[1] 中国南宋中后期军事家。——编者注

图254.洞庭湖上的鸬鹚船

图255.长沙郊外

图256.长沙第一家
照相馆所拍合影

1891年长沙西乡人
瞿瑞卿开设了长沙第
一家照相馆，名为镜
蓉室照相馆，位于长
沙市药王街。

图257.湖南长沙岳麓山寺的白鹤泉

白鹤泉有"麓山第一芳涧"之称，传说古时常有一对仙鹤至此，因而得名。

图258.湖南岳麓山

　　岳麓山是将中国文化精华的儒、释、道融为一体的名山，山上有四大书院之一的岳麓书院以及十几处重点保护文物。

图259.湖南长沙市街景

《南岳记》中有"南岳周围八百里，回雁为首，岳麓为足"，岳麓山因此而得名。

图262.湖南长沙练兵场

图263.湖南长沙庙宇

图264.湘江之一

图265.湘江之二

图266.湘江之三

湘江是长江流域洞庭湖水系，是湖南省最大河流，也是中原到岭南的重要水运道路。

乌篷船是重要的水上交通工具。自桂黄公路和湘桂铁路通车后，航运逐渐衰落。

图269.湘江岸边

图270.湘江上的竹筏

汉江是长江最大的一条支流，与长江、淮河、黄河并列，合称"江淮河汉"。这里曾是军事要地，有很多重要的水利工程。

扬子江是指长江较下游的部分。

图273.扬子江之二

图274.扬子江岸旁的芦苇

图275.扬子江河口

图276.扬子江之三

图277.扬子江之四

图278. 南京口岸

图279.南京明故宫遗址

明故宫当时曾是"世界第一宫殿"。

图280.南京明孝陵路边

图281.南京明孝陵

南京明孝陵是明朝开国皇帝朱元璋和他的皇后马氏的合葬陵墓，位于南京市东郊的紫金山南麓。它是我国现存建筑规模最大的古代帝王陵墓之一，也是世界文化遗产，被称为明清皇家第一陵。

图282.南京孝陵道边

图283.南京明孝陵神道

图284.南京明孝陵石像

石像是明孝陵的一部分，依次排列了狮子、獬豸、骆驼、象、麒麟、马六种石兽。

图285.南京城外

图286.南京莫愁湖

莫愁湖，又称石城湖，为长江古河道的遗存，是南京主城区仅次于玄武湖的第二大湖泊[1]。有"江南第一名湖"的美誉。

---

① 南京主城区第一大湖泊是玄武湖。——编者注

图287.南京雨花台方孝孺墓

方孝孺为明朝大臣、思想家及学者。他是明朝有名的大儒，又称"正学先生"，在朝中任翰林学士，他是中国历史上最早被誉为"读书种子"①的儒者。李鸿章在两江总督任上对方孝孺墓进行了重修。

---

① 指在文化上能承先启后的读书人。——编者注

图288.南京莫愁湖道旁

图289.湖面景象

图290.南京城内

图291.南京秦淮河

秦淮河为南京母亲河，是南京古老文明的摇篮，被称为"中国第一历史文化名河"。

图292.南京鸡鸣寺

鸡鸣寺，位于鸡笼山东麓，是南京最古老梵刹之一。康熙皇帝南巡时，曾登临寺院，为古刹题写了"古鸡鸣寺"大字匾额。

图293.南京城内大道

图294.南京石头桥

图295.南京城外道路

图296.苏杭运河

苏杭运河，是京杭大运河在苏州至杭州段的俗称，京杭大运河是中国古代最著名的水利工程之一。

图297.南京贞节牌坊

贞节牌坊，古时用来表彰女性的贞节、孝义。

图298.江南贡院

江南贡院或称金陵贡院，位于南京城南秦淮河边，毗邻夫子庙。是中国历史上规模最大、影响最广的科举考场，被称为"中国古代官员的摇篮"。

附 录

图299.爱丽丝·罗斯福在天津车站的影像

爱丽丝是美国第26任总统西奥多·罗斯福的女儿，她是美国的作家，是当时新时代女性的代表。她此行的目的是展示美国的"善意"，了解中国的局势。

图300.服部繁子

服部繁子是京师大学堂日籍教师服部宇之吉博士的妻子、秋瑾的好友。服部繁子热衷于兴办女子教育。1905年在北京沈宅协助沈钧、沈贞淑夫妇创办了豫教女学堂，任女教习等职位。她还曾协助管理过淑范女学[①]，任教务。

———————————

① 淑范女学，由德国传教士卫礼贤及其妻子卫美懿创办。——编者注

图301.日本爱国妇人会在北京的合影

日本爱国妇人会又称爱国妇人会，1901年由奥村五百子在日本东京创立的妇人团体。其团体主要由日本皇族等上流阶层的女性组成，从事社会事业，主要包括军事辅助事业、慰问军眷或遗族①等。

---

① 旧指名门望族的后代。——编者注

图302.清藤秋子（左）、河源虎子（中）、英夫人（右）合影

图中三位日本女性皆为东洋妇人会成员，她们来到中国，进行走访，拍摄了许多照片，有风景照、人物照等。她们致力于拍摄很少抛头露面的贵族女性。

图303.东洋妇人
会成员与学堂
女学生合影

东洋妇人会派遣
老师到中国福建
福州教学。

图304.在锅岛府邸举行的溥伦欢迎会

锅岛是日本东亚同文会会长，其夫人是日本爱国妇人会会长。东亚同文会是日本对中国进行文化侵略的一个间谍机构，是在上海成立的东亚同文书院①的前身。

---

① 日本战败后，东亚同文书院作为间谍机构被勒令关闭。——编者注

「本系列已出版图书」

西 洋 镜　Mook

扫　码　关　注
获取更多新书信息